지상에서 부르는 별들의 노래

지상에서 부르는 별들의 노래

강연구 시집

육일문화사

책을 내면서

이제 팔순을 맞으며 지난날들을 돌아다본다. 세상에 기대고 운명에 순종하며 순리에 따라 도리를 다한 삶을 살았다고 생각한다. 그렇게 살도록 이끌어 준 것은 책이 주는 기쁨과 신앙심이었다.

이제 내 생명을 불어넣은 살아가는 길에 생명수 같은 글쓰기에 집중하려고 한다. 오늘을 죽을 만큼 사랑하며 죽어서도 글쓰기로 위로받을는지도 모르겠다.

단 한 번만 책을 낼 수 있다면 그것을 바탕삼아 더 많이 노력하여 성숙되는 기회가 될 것이라고 소망했다. 봄이 오면 화사한 꽃송이 닮은 시詩를 쓰듯 감각을 살리고 싶다.

우아지 시인을 만나 시집을 내는 소망을 이루게 되니 깊이 감사드린다. 또한 우아지 시인을 소개해 주시고 용기와 큰 도움을 주신 어윤태 전 영도구청장님께 고개 숙여 인사드린다.

2025년 여름

강연구

| 추천사 |

어윤태
전 영도구청장

  민선 4~6대 구청장을 역임하면서 핵심 3대 구정 방향 중 하나가 '문화 예술이 살아 숨쉬는 영도'였다. 영도에 살고 싶고 영도를 찾고 싶은 그런 도시가 되려면 영도에 사는 주민들의 가슴이 메말라서는 안 되기 때문이다. 그래서 먼저 지역 분위기가 문화예술의 향기를 풍겨야 한다. 문화예술 도시의 종합적 마스트플랜을 짰다.
  1) 영도를 대표할 만한 스토리텔링 100선 작업, 2) 문화예술회관 건립(부속 전시관), 3) 침체된 문인회 활동 재건, 4) 절영회(미술, 서예) 활동 부활, 5) 청소년 오케스트라, 6) 여성합창단 활성화, 7) 흰여울 문화마을 설립, 8) 깡깡이 예술마을 설립 등을 연계한 각종 문화예술 활동을 펼쳐나갔다.
  이후 영도의 엄청난 유형·무형 효과는 지금 생각해도 가슴 뿌듯한 업적이라 자부하고 싶다. 기타 여러 할 말이 있으나 각설하기로 하고, 강연구 할머니의 시집 발간에 부쳐 한 말씀 하고자 한다.
  다양한 계층의 분들이 제 사랑방을 찾는 편이지만,

금년 초 강 할머니의 방문은 뜻밖이었다. 재직 중에는 행복영도 아카데미에서 매주 뵙기도 했던 분이시다. 그런데 연세도 팔순이 넘었는데 시집을 한 권 가지고 오셔서 시집 발간을 하고 싶은데 자문을 구하셨다.

　대화를 하다 보니 가정형편(기초생활 수급자)도 어렵다. 그런데 건강하시고 정말 긍정적인 행복한 삶을 살아가시는 분이었다. 읽어보니 내용도 알차다. 그야말로 감동스토리가 될 만하다고 생각했다.

　돕고 싶었다. 구청에 안내해 드리고 '영도문인협회' 우아지 고문님께 연결, 협조를 구했다. 초판 인쇄비도 주위의 도움이 없으면 힘들다. 어쨌든 우려곡절 끝에 드디어 출간이 가능해 보인다.

　이번 시집 발간이 영도 주민의 희망의 팡파레가 되고 희망의 찬가로 불렸으면 한다. 일본의 나이 많은 여성 작가처럼 100세 시대에 걸맞게 계속 시집이 발간되기를 바란다.

　또 다른 미담으로 영도구청 공무원 출신(구청장 재임 시 비서실장이었던 현 서정희 국장) 중 처음으로 퇴임 기념 자서전 출판 기념회(연말 계획)를 한다고 한다. 이번을 계기로 남녀노소 할 것 없이 시집 발간, 자서전 발간 붐이 일었으면 한다.

　강연구 할머니! 부디 오래오래 건강하고 행복한 삶이 되시기를 기원합니다. 카르페 디엠! 욜로!!

어윤태 | 부산남고등학교, 고려대학교, 고려대학교 교육대학원, 순천향대학교 명예경영학 박사. LG스포츠 대표이사 사장, LG그룹 고문, 제36, 37, 38대(민선 4, 5, 6기) 영도구청장, 경남대학교 북한대학원 초빙교수, 영남대학교 심리학과 겸임교수, 순국선열유족회 자문위원 등 역임. 주요 저서 「에스키모에게 얼음을 팔아라」「지적생산성 향상 시스템 DIPS」「데밍식 경영」「타임마케팅」「정신강화를 위한 코치학」「자신감의 법칙」「경영자를 위한 DIPS」「코칭 심리학」「판매QC매뉴얼」

차례

- 책을 내면서
- 추천사 _ 어윤태(전 영도구청장)

1부

지상에서 부르는 별들의 노래	15
새로운 출발	16
연蓮의 사연	17
달밤	18
바다 노래	19
인생무상	20
질병	21
열정	22
젊은 엄마에게	23
봉래산 편백숲	24
내면의 울림	25
꿈에 대해서	26
떠돌이별	27
다행	28
맑음입니다	29
지혜	30
비 오면 우울한 맘	31
그냥 두라	32
떨림	33
자비심	34
안개섬	35
어느 간이역	36

2부

우리나라	39
아기는 모두	40
녹차의 여유	41
밥을 나누는 기쁨	42
새로움	43
새날	44
봄날처럼	45
오는 봄	46
국화	47
코스모스	48
사모의 정	49
낙동강	50
잎새 되자	51
밝지 못함	52
정인	53
녹차 한 잔	54
연잎의 내력	55
태초의 깨달음	56
흙에 못 박는 사람	57
신비롭게	58
지혜와 경륜	59
별자리	60
노인과 바다	61
문화교실	62
초록 바람	63
선택	64
슬픈 눈의 사슴	65
절영 해안 산책로	66
옹이	67
은행잎 노래	68

3부

세상의 평화	71
감사	72
기도	73
기도 궁금증	74
눈물의 노래	75
기도의 삶	76
당신은 누구시기에	77
살 만한 세상	78
모자람	79
참된 일생	80
성직자	81
울지마 톤즈 감상	82
아낌없이	84
고향	85
우리 어머니	86
거울처럼	87
감사와 사랑	88
두 팔 사랑	89
사랑은 메아리다	90
묵상 글	91
교황 프란치스코	92
좋은 것은 행복	93
사순묵상	94
베풂	95
감사하는 마음	96
나의 그림자여	97
보호자	98
고독한 늪을 나와	99
바다를 건너가는 마음	100
공허	101
오늘 하루	102

4부

철든 잎의 노래	105
용서하소서 어머니	106
아들의 사모곡	107
가슴으로 내린 눈물	108
바다에 서면	109
용서하세요	110
딸에게 보낸 문자	111
통곡	112
미안한 날	113
어머니	114
무지개 언덕	115
늦은 후회	116
해경 생각	117
어머니 1	118
어머니 2	119
모정	120
노래는 사는 이야기	121
잘 살아	122
어머니 3	123
축복뿐	124
영특한 아이	125
가을이면	126
며느리	127
상처	128
태종대 자갈마당	129
후회	130
참되게 사는 법	131
혈육이란	132
사랑 노래	133
외손녀	134
해경이와 나 사이	135
기도	136

1부

지상에서 부르는 별들의 노래

그리움이 너무 깊어
강물처럼 흐를 때
지워지지 않는 이름
긴 밤을 지새워
온몸으로 통회한 후
그 님을 만나려니
너무 멀리 와 버린
머나먼 길이더라

밤 별을 사랑했던 날
그리움만 쌓였고
소쩍새 닮은 그대 정
새록새록 돋아 못 잊는데
달과 별은 멀지 않아
보고픔을 꾹 참았던 순간
내 사는 땅에서만
바라본 눈물 강

새로운 출발

한때는
당신의 모진 말에
내 진실 상처 입었지만
진실한 삶의 의미를
가르쳐 준 당신이기에
잡았던 두 손 놓을 수 없어
결실 없는 꿈만 꾸며
뜨거운 눈물 삼켰던
바보 같은 나
나에게 희망마저 없다면
내일도 오늘처럼
의미 없는 날 되겠지
이제는 시작을 위해
접었던 두 날개를 활짝 펴리라

연蓮의 사연

첫 닭 우는 새벽 4시
꿈을 털고 일어나
잡힐 듯 잡힐 듯하면서
잡혀 주지 않는 암탉은
내 영혼의 그림자를 쫓는다

무섭도록 어두운 진흙탕 길
절대 넘어지지 않고
꼿꼿이 걷는 치마 입은 여인
강인함을 오늘 배웠다

도전만 하며 뒷걸음질하지 않으려
무던히도 애썼던 날
그날이 무척이나 고마워
뿌연 안개 속에서 암탉의 모성애로
희망적인 노래만 부른다네

내가 뒷걸음치지 않는 이유는
아들이 엄마의 도움 없이도
저들만의 목숨인 생명줄을
끝끝내 손 놓지 않고 붙잡았다는
그 사실 알고부터라네

달밤

휘영청 밝은 달이
앞마당에 내려오면
달빛 유혹에 끌리어
벚나무에 기대어 밤 별을 헤인다
두 어깨 위로 가득히 내려앉는
초록 바람도 한없는 감사

유년의 꿈은 이뤄 보지 못했어도
내 인생 꿈은 야무졌는데
이제 더 이상 내 운명에 아프지 않길
사랑마저도 겁이 나는 허기진 육신이
달을 보며 서럽게 서럽게
읊어대는 초혼에 끓어오르는 피

달님도 내 노래에 동참하는 밤
은빛 물결 가득 뿌려 이 몸을 품네
은밀히 품었는데
한 이십일 일만 더 품어 주면
알 속에서 병아리처럼
새로운 생명이 태어나겠다만
오, 태어난 생명이여 감사 감사
병아리도 어미닭에 감사하듯이

바다 노래

곡예사였던 바다 같은 사람아
우연과 필연의 두 가지 줄로
살아 숨 쉬는 그 자체 아슬아슬해
요행을 바라지만
어느 순간 저물어간
마음 깊어가는 바다에서

다시 생사를 허덕여 헤맬 때
온 가슴 그득히 파도의 물결 속에
내 혈육 그리워오는 핏빛 그리움
옛사람은 바다에 생사 맡겨 놓고
그 누구의 전주곡 돼버린 채로
넋을 달래려 한줄기 초록 바람 여밀 때

바다의 노래로 남겨진 사연을
보내고 또 남아 있었노라
오늘까지 그 사연만 퇴색되어
어느 바다 파도가 앗아간 넋은
언제, 그 마음 알아주시려오
물어 오는 날이었네

인생무상

뼈 마디마디 숭숭 구멍 생기고
밤이면 뼈가 아프니까 운다
안 아프고 살아왔을 때
글 쓰는 재미 몰랐는데

기력을 쇠진하고 난 후부터
내 마음 깊은 곳에서 울려오는
슬프고 애절한 노래는
두 귀로 들을 수 있으니

맨발로 땅을 딛고 나서야
세상의 깊은 의미를 알고
텅 비워진 마음으로 선
새로운 시작이 있었네

젊어 탱탱했던 얼굴에서
주름 잡힌 후에 아쉬워져
나를 더욱 잘 알아 나가게 되었네
깨달음 찾아와 그 얼마나 다행이랴

질병

절망을 끌어안을 때
견딜 수 없는 아픔에
생명마저 위협받네

생태계 허물어지게 하고
세균 번식으로 살게 되는 건
인간 때문이리라

유전자 변형으로
돌연변이 되는
속수무책 된 세상

온갖 오물 뒤집어쓰고
권력 다툼이니 폭력이니
공갈이니 성추행이니 표절이니

그릇됨이 난무하는
이런 세상 원한 것은 아닌데
오욕 속 세속 추행 육신 안에

나날이 생겨나와 끝내는
육신을 망치는 질병에 걸릴까
너무나도 두려워라

열정

열정의 불씨를 살려
삶을 눈부시게 하고파

지난날의
가슴 벅찼던
그 뜨거움
다시 그리워져

여태 못 느꼈던
열정
가슴에 다시금
불씨를 지펴 와선

그리워 울던 마음
그 하나가
내 가슴을 두들긴다

젊은 엄마에게

아이에게 중요한
반응을 보이며
공감대를 이뤄줘야
아이의 성장이 빠르나니

공감받지 못할 때
가장 슬퍼하는 아이에게
세 가지의 보약이 있으니
공감하라!
인정하라!
격려하라!

생각이 밝은 사람
표정도 환하니
예쁜 얼굴보다는 밝은 얼굴이 좋아
늘 밝게 환한 미소를 지니게 해주어

하루하루가 즐거워야
열광적인 삶을 산다
열정은 자기 발전의 길

봉래산 편백숲

둥지 잃은 어린 새가 발을 헛디뎌
안개비 내리는 날 도로 옆 풀섶에 떨어져
햇살만을 기다리며
추위와 배고픔에
비에 젖고 땅바닥 뒹굴며
가슴팍까지 떨어야 했는데
차가운 안개 걷히고
둥근 해 비추이니 아이 포근해
나무숲 그늘까지 행복 바람 불어대면서
푸른 산 맑은 물 우리 영도여
천 년도 더 된 바위며 나무도
벼랑 끝에 핀 야생화까지
온통 다 평화로운 몸놀림뿐

숲은 여전히 아름답고 싱싱하며
자연 속에 서서 어린 새의 둥지도 행복으로
별이 가득 비추어졌으며 산 중턱 걷는
봉래산 속의 그림처럼 서 있는 나 역시도 아름다워라
시詩를 쓰는 것 마음이 시켰으니
둥지 잃었던 어린 새가 어미 새 되어
가슴팍 떨지도 않으며 날아오르는 날갯짓도
익숙해져서 높은 창공 끝 간 데까지
한껏 멋 내며 날아오르네
나도 높이 날아오르고 싶다

내면의 울림

나를 뜨겁게, 뜨겁게 비판해 주는
내면 속의 비판자가 있어서
나는 나를 똑바로 세울 수가 있다

나를 고요 속에서
명상하게 비추는
생명 에너지가 내면 속에 자리하고 있어서
나는 진리의 길을 걸어갈 수가 있다

꿈에 대해서

잠자는 사람의
성공을 깨워라
그때그때 순간에
최선을 다하는
사람이 행복하다

호기심과 열정을 가진 자
행복을 얻는다
어떤 환경이어도
목적 없이 사는
사람은 되지 말라

웃음으로 표정을 바꾸기
더 좋은 운명을 부른다
인생의 성공도
유머 감각에 달려있다
한 번 듣고 세 번 박수 쳐주기

경제의 자유는 없지만
글 쓰는 자유는 충분해서
한 가지 자유로 행복
사람이 잠들면 꿈만 꾸고
깨어 있어야만
꿈을 이룰 수 있다는 것

떠돌이별

어미의 탯줄 타고
내가 태어난 곳
푸르른 산천에
내 숨결 서리어 있고
이 강산 산천초목은
나를 보듬었으니
해 뜨는 나라 금수강산

내가 떠나는 날 되어도
이곳 대한민국 산천에다
나의 숨결 넋이라도
애국심 하나 꽂아 놓고
떠돌이별로
이 땅을 지켜보고 있으리라

다행

감동할 수 없는 외로움은
실날같은 의지도 큰 힘 되고

혼자 집 안에 있다는 건
뇌기능에도
치명적 바이러스 되어
심장 질환, 우울증 되고
치매가 되더라

극단적인 외로움은
참새 한 마리 보면서
위로를 얻더니
한순간에 홀연히 날아간 뒤에
다시금 느끼는
외로움도 있더라

맑음입니다

사랑에 빠져도 좋고
글쓰기에 빠져들어도 좋은 세상
추억 속 도시의 불빛 같은
그대의 마음은 어느 편에 섰는가

하늘 별 눈물 흘려 반짝반짝
옛것이 또다시 오는 것은 아닌데
매번 새로움으로 다가오는 것
낡은 사고는 털고 새것으로 바꾸자

사소함까지 헤아릴 줄 아는 사람
누구가 뭐라 해도 속지 않는 사람
노래도 율동도 우리 건강 지킴이로
마음은 천사인데 우리 돌보는 강사님

과거도 현재도 또 미래의 주역으로
하늘에 별들 땅에는 아름다운 꽃들
세상에는 사람이 가장 아름답다는
강사 마음은 언제나 맑음입니다

지혜

지혜가 밝은 것을
마음이 눈뜸이라 말하니
깨닫는 것을 뜻함이라

앎이 많을수록
마음이 편안해진다니

삶을 원하는 대로
편안하게 함도
앎이 있어
어디에도 메이지 않아도 돼

마음이 편해질 때
세포가 살아 나오고
새 세포가 생김으로
우리는 더 건강해진다고

건강한 마음속에는
삶과 건강한 향과
건강한 세포가 있으니
언제나 지혜인으로 살 수 있다오

비 오면 우울한 맘

창밖에서 불어오는 비바람 소리
마음도 축축하니 오늘은 쉬라고 그러나 보다
저녁 식사 마치고 관절 약 먹고 누웠다

햇살 좋은 날은 아침 기분 짱인데
눅눅한 습도는 가라앉는 마음뿐
당신은 지금 시를 꿈꾸고 있나요
큰 나무가 되는 씨앗 하나 사 와서
비 오는 날 작은 화분에 심어 밖에 내놓아요

세상에 그리운 건 엄마, 아빠뿐
내 마음 구슬플수록 딸이 어버이날
선물 준 카네이션 해마다 가져오면
내가 한 번 꽂고 엄마 벽에
꽂은 자리 있으니 하늘에 보내는
절차라고 가지런히 한쪽 벽 지킵니다

그냥 두라

내게로 찾아오는 님 막으려 말고
오면 오는 대로 그냥 두고
가면 가도록 그냥 두라

아픔도 와서 머물다 가고
세월도 와선 흘러가고
내게로 오는 것 모든 것
편하게 오고 가도록 그냥 두라

막지도 말고
잡지도 말고
이슬 같은 애틋한
정情 품지도 말고

떨림

만났다가 흩어지는 하늘 구름
맺혔다 사라지는 풀잎 이슬
세상 태어날 때부터
떨림처럼
지금도 그 떨림은
신비처럼 남아 있는데

푸르른 마음 지닌 채
순하게 살았던 님
고별다운 고별 못 해보고
순식간에 돌아가신 님
우리의 님이시여
오래도록 가슴에 남게 되었고
숨 막히는 떨림만 주었네

자비심

뾰족하고 날카로운 빗금 치며
끝없이 부딪쳐 오는 사람아
그 사람에게 자비심 말하였더니
닳고 닳아진 동그란 생각 만들더라

모든 일 순식간에 하려 마라
사노라면 더딘 결정도 자비로이
생각하며 받아들여 주노라면
돌이켜 사랑심을 내놓는다

하늘의 저 달도 윙크하는데
한 달이나 걸린다는 것을 아시나요

안개섬

여름 내내 안개 속에 묻힌 봉래산
이곳에 내가 산다
새처럼 노래하고 시 쓰며
함께 살아줄 사람 있다면
나 더욱 행복했으리라

봉래산 올라와 내려다보면
욕심은 멀리 사라져 버린다
속세에 집 없다며 고민하는 사람이여
당신의 집을 지어드리고 싶어져요
나의 가슴속에다

여름 내내 안개 속에 묻혀진
중리마을 그 위에 내가 살지만
하늘만 우러르며 기도하는 생명이
어찌 나 혼자뿐이리오
나는 하늘 볼 수 있어 만족하며 산다오

어느 간이역

떨린 손끝 모아서
오늘도 글을 쓰지만
영혼으로 시를 줍던 날

세월강 건너며
고마움을 새기지 못했다는
무심함이 부끄러워
바보처럼 웃는다

지나가는 길 위에서
잠시 잠깐 머물렀던
기차 떠나간 어느 작은
간이역에서

2부

우리나라

우리나라 대한민국
우리는 한마음 오직 한마음
자기 생각만으로 사는 현실에서
부족하고 힘든 것이 있지만
우리의 본래 성품은
밝고 청정하며 무한한
지혜와 능력을 가지고 있습니다

꽃이 피었네
내 마음도 꽃이 피었네
모두 다 선도자 되어서
우리나라 뿌리를 이어가고
중용을 이어가면서
앞으로 거룩한 길을 걸어요
우리네 본래 성품은
밝고도 청정하여
무한한 지혜와 능력은
우리나라의 자랑이며
큰 자본이랍니다

아기는 모두

아기는 천사다
아기는 밝은 햇살에
싱그러운 바람이다

아기는 사랑의 요람
정이 물 되어 톡톡 튀는
물방울 사랑이다

아가는 햇살 속의 찬란한
무지개빛 꽃이 되어
동서남북 어디서든 꽃향기다

아기는 세상 흐른 후도
엄마의 모습 그대로
늘 기억 속에 사는 웃음꽃이다

녹차의 여유

깨달은 마음은
어느 한곳에 기울지 않게
집착 않고
거절하지도 않고
받아들일 줄 아나
소유하려 들지 않음이니

푸르른 녹차의 향기 속에 벗과 거닐 때
스며들 줄 알아도
머물지는 않으며
거부하려 들지 않고
순수한 자연의 향기인 맛과
멋도 맘껏 취하며 즐겼노라

풀잎 끝에 매달린
이슬방울 같은 인연
연연한 녹차 한 잔 드리우니
찻상에 올린 내 정성 느끼셨다면
나중에 나의 넋을 위해 기도 한 번 해주오

밥을 나누는 기쁨

애야 밥은 먹었니 배고프겠다
어서 와서 밥 먹으렴
흰쌀 알맹이가 밥이 되어
우리말 속에 정겹게 묻어오는
따뜻함 반가움 정겨움
옛날 우리 시절 때는 흰쌀도 귀했고
밥이 우리의 생명 지킴이
우리는 밥의 뿌리로 문화인 예술인임을 잘 압니다
어린 시절 부모 밑에서
잘 커 나온 아이는 꿈과 희망을 키우고
그 꿈을 못 키운 자식은 지금도 신세타령
축하를 나누는 자리, 저세상 건너간
조상과 정겹게 만나는 자리
밥 없이 못 살 정도 늘 마음은 울고 싶도록 불안과 초조
어쩌다 제사 명절 닥치면 만나는 반가움과
밤을 지새우며 즐거운 마음이 되고
작지만 아름다운 나라
여름에는 초록의 싱싱한 들판 가을에는 황금빛 들판
감사하며 하늘 우러러 쌀이 주는 든든한 평화
한마음 한뜻 모아 이제 더 알뜰히
지혜로운 새사람 새로운 한국인이 되겠습니다
아주 작지만 아주 큰 기도 들어주옵소서
시와 함께 바치나이다

새로움

사람은 하늘 별과 같고
그 안에, 그 안에 우리가 산다
별들을 불러와 노래로 살거니

나의 시어가 어둡던가 걱정하고
살아온 날 남은 것은 무엇일까
때때로 시가 무겁고 어두운 건
사랑에 나서려 할 때 마음 졸임 같은 것

순수와 아름다움이 묻어 나와
이별할 때 비극인가 묻는다
또 나와 멀어지는 다른 인연
두터운 인연도 그저 막연하다면

나는 너에게 담겨 있으려는데
목소리가 들릴 리 만무하니
너의 마음속에 나는 지워졌기에

불같은 사랑은 잡을 수 있다
그대 받은 상처를 천천히 어루만지며
걸으며 나를 비관 마라
그대에게 받을 또 다른 지금이 다시 오려네

새날

수줍은 고백으로
내 마음 후끈 달아오를 때
솟아오르는 격정 누르지 못해

파도치게 했고
바람 불게 하고
쏟아내는 원망이었네

별빛 사이로 흐르는
밤안개일 수도 있고
마구 솟구치는 눈물 강일 수도 있어

한없는 원망 말며
차디찬 비관도 병이 되니
모두 접고서 피는 꽃이라면

이제는 슬퍼 않으리
어두웠던 시간도 견디었고
충분히 찬란했으니까

봄날처럼

어느 세월 속 아픈 바람
마음 한 번 내어 준 적 없어
언젠가 비워줄 자리
그런데 악착 떨었나

코로나 오고 사람도 떠났고
한동안 비워 둔 복지관은
내부 수리 들어가고 세월 흘러
꽃잎 떨어진들 어떠리

함께할 때 더 고마웠던 마음
또다시 아낌없이 피는 꽃
순백의 영혼이 모여들어
미소꽃 휘날리던 이 자리

세상 참 좋아졌어 감동 넘쳐
흥겹게 노래하는 이곳은
차유나 희망 노래 교실 간판 아래
마음도 눈도 반짝반짝 웃는 모습

우리 쉼터, 우리 자리 내가 찾은 둥지
영도 새마을금고 우리네 하루가 따스한 건
계절은 언제나 봄, 인생 봄날이고
이제부터 나 봄날처럼 살 겁니다

오는 봄

얼어붙은 겨울이 가면
봄이 찾아온다
내 인생 자리의 봄이
이른 봄날 기지개 켜면
땅속의 소근거림
마음으로 오가는 정
눈 감아도 느껴지는 향기

온 만물은 3월을 알리네
언 땅 풀리고 냇물 흐른다
내 맘도 움튼다
봄의 노래 음표도
동요와 행진곡에 이어

병아리 유치원 동요로
온 천지를 깨우는 봄
바람도 가녀린 가지를 흔들어
깨우면 봄봄봄 봄이 왔어요
밤 별도 땅 위로 쏟아져 내려와
온 우주 놀랍도록 찬미곡을 보내주네

국화

골짜기로 들로 울 밑으로
곱게 핀 들국화 외로이 서서
맑은 하늘 바라보며 방긋 웃는다

산 아래 앞개울가 외딴 집에
들국화 만발하여 울타리 이룬 곳
홀로 계신 할머니 빨랫줄이 정겹다

가슴 한가운데 품은 정 숨기고
밤이슬에 곱게 단장하고 향기 머금고
누구를 기다리나 들국화 사랑

흰 꽃, 노랑 꽃 또 분홍 꽃
밤이슬로 그 색깔 신비로이 단장하고
벌, 나비 외면하고 수절하며 피는 꽃이여

코스모스

가을이 오면
들녘으로 만발한
코스모스 꽃길을 보네
맑은 하늘 쳐다보며 밝게 웃는데

산들산들 가을바람 불면
그 누구를 기다려 춤을 추는가
기찻길 줄지어 선 코스모스 꽃
기찻길 따라 걸을 때마다
가느다란 허리로 춤추는 꽃

가을이여 가지 마라
코스모스 시들지 않도록
또 한 번 바라다보네
외로운 길거리의 코스모스

사모의 정

밤이면 내리는 이슬방울은
헤어져 간 연인의 눈물인가요
이별 서러운 눈물이기에
달님도 흐느꼈던 입김에서
서리 내려 달무리 지더이다

너무나 늦게 만난 사모의 정
세상 끝까지 같이할 수 없음은
그대와 나 사이의 운명인걸
이생에서 못다 한 정이 남았다면
후생에 다시금 이어질 거요

다정다감多情多感한 꿈속에서 정으로
해바라기 꽃잎처럼 언제나
태양을 향해 타오르는 이 가슴처럼
불붙은 그리움 끌어안고서
무수한 빛으로 탄생할 거야

낙동강

누군가 가지고 싶다면
특별히 곁에 두고 싶다면
내 상상 속의 꽃을 키우라

매일매일 일상 속에서 필 때
빠져들고만 싶은 봄날의 꽃
겨울을 고이 가슴에 둔 채로
봄꽃을 간직하고 싶은걸

내년 봄날이 다시 올 때까지
비와 바람 햇볕이 피워내는 꽃
어차피 떠날 사람이라면
꽃보다 나을 거는 무엇이겠소

영영 돌아서서 가실 거라면
눈 위에 발자국 남기지 말고
비 오는 날 밤에 가시든지
파도가 휩쓸고 갈 모래 위로 떠나요

안타깝게 헤어져 떠날 바엔
피멍 든 울음이랑 뿌리지 말아요
수없이 뿌리고 간 위령의 멍울은
가슴속에 묻지 말고 세월 강에 던져요

잎새 되자

그저 막연한 기다림에
슬픔 뱉어낸 어리석음을 알고
그리움의 불화살이 심장에 꽂혀도
견딜 수가 없을 뿐 살아갈 수 있었지

한때는 그 누구를 사랑하다가
멀리 떠나 버렸고
고독의 흔적만 가슴에 숭숭 뚫려서
누구에게 이야기할 수 없는 사람아

세상에서 가장 고독했던 사람이
비바람 속에서 떨어지지 않을 꽃잎이라도 되면
난 행복한 사람
마지막 잎새로 그저 행복할 거요

늘 그리웠던 사람
당신의 그물이 웬수라 묻지는 못하겠대요
이제 늙어 그 흔한 눈물도 마르고
결코 떨어질 수 없는 잎새 되어 행복할 뿐이에요

밝지 못함

만약에 당신이 세상의 보물 담긴
주머니 선물을 내게 주었더라도
그대와 함께 보낸 그날만큼은
못할 거랍니다
보물보다는
추억이 가장 소중하다오
그대가 미소 지으며 잘 자요
인사는 얼마 안 가서 곧 돌아온다는
나와의 약속인 걸요

그대와 함께 머무른 시간 이후로
많은 날만 바쁘게 오고 갔습니다
그날이 바로 우리 일을 직감하고
웃음과 대화 사랑과 행복 그리고 침묵들
존재가 흔들리는 가지 끝에서
아무 이름 없이 피었다 지는데
어떤 인과로 산에서 뻐꾸기 울듯이
눈앞의 것도 못 보는 그 우둔함과
무명의 마음이 답답했을
어둠에 갇힌 밤

정인

북두의 일곱 성군, 칠원 성군
오작교 전설 속 견우와 직녀

우주와 세상이 한 덩어리
가슴과 가슴을 서로 딛고서
까치가 다리 놓아 만나야 하는데
이별은 길고 만남은 짧아라

가슴에 사랑별 그려놓고
그대만을 기다린 연인아
은하수 만남 이룸이 언젤까
전설 속 견우와 직녀처럼

우리 인생은 연모의 정 다듬으며
칠석날 꼬맹이도 시 쓰는 날

녹차 한 잔

지극히 평범한
녹차 한 잔에
진리의 알갱이
가득 담겨져 있네

한 모금씩 넘겨보지만
나라는 존재와 그대가 있어
우리가 함께하는 깨달음의 길
마주 잡은 찻잔에 이어 내릴 때

물과 불과 바람과
푸르른 잎의 속삭임이
녹차 한 잔 속에 어우러져 있어
나는 보고 느끼며 깨닫노라
차 한 잔에도 지혜와 여유가

연잎의 내력

영靈적으로 된다는 건
내 자신에 깊이 들어가
마음터에 깊이 자리 잡는 일
모든 것 다 버려두고
나만을 지켜봄이 내 존재가 변화되는
가장 위대한 연금술이다

자성불 해보자던 내 도반이여
너다, 나다, 서로 다른 경계에 있었지만
오늘 이곳 도량 돌며 열심이 구하는 것
때가 지난 후회 속에서
연꽃이라도 구해 볼 것을

태초의 깨달음

보일 듯 말 듯한 형체는
그 눈망울 속에 머물 때까지
헤일 수 없는 발걸음을 옮겼다

외롭고 메마른 생활에서 못 견딜
영혼이 목을 축이며 사는 생명수인
영원한 오아시스를 만나게 되나니
하느님 안에서의 인연은 이토록 오묘해

어느 날은 하늘 보면서
짧지만 오묘한 삶을 원해
마음이 추운 날은 겨울이 아니고
따스한 마음을 남에게 느끼게 하기 위한 것

밤하늘 별이 숨죽여 울을 땐
그 사람 마음이 된다는 것을 알았거든요
어느 겨울 밤바람 속삭이듯 불어도
그 사람 마음이 속으로 따스했으리

그토록 보일 듯 말 듯한 눈망울 속에
세상이 오늘따라 그토록 아름답고
신비롭고 행복되니 우리는 오늘이면
다시금 살아보고 싶다 너무 신선함으로

흙에 못 박는 사람

웃음은 당신 마음이 피워내는 마음 꽃씨
이 땅 위에 독서광인 사람
나는 웃음 배달부가 되어 보고 싶습니다

겉모양을 우리는 이미지라 부르죠
나의 마음이 이웃에게 전달되는
허상이 아닌 귀하디 귀한 진심만이
마음 메시지가 정확한 답임을 아십니까

안개 속에서 때로는 혼미해져
사방 전체가 희뿌옜는데
하산 길에 질 짐 있다던 친구 말에
아무리 봐도 사람 기척도 없는데

바깥 풍경도 잘 안 보여 산에 들어와
살면서 흙에다 못을 박고 사는 사람은
허허 그 사람, 대면하기 힘든 사람일세

신비롭게

그 아무도 알려 주지 않고
귀띔조차 없는데
너 귀한 난초는
어디로 이파리를 뻗어야 하고
꽃은 어떻게 피울지 다 안다

우리의 아가도 신생아 때부터
나올 시간을 알고 태아는 어머니
자궁 문을 두드리며 신호를 주니 신비다
가르쳐 주지 않았어도 주저 없이 나와
용감히 어미젖을 빤다

얼마 있다 기어다니고 알려준 바도 없이
아빠와 엄마의 이름까지 부른다
기어다니다 걷다 모두 배 속에서 배워 나왔다
이 세상의 모두가 신묘한 도리
인간의 도리도 잘 배울 거라고 도리도리도 잘하지

온갖 식물은 저마다 일을 잘하는 세상
창밖을 보니 벚꽃 피어 만발하다
저마다 계절 감각으로 느껴 피는 꽃처럼
우리 인생도 꽃처럼 예민하고 산모의 체험
참사랑 나누기처럼 우리 인생도 계절 감각을
신비롭게 알게 하소서

지혜와 경륜

너와 나의 행복은 같을 수 없지
고난과 고통이 뒤엉켜 버린 삶은
마음에 준비가 안 되었고
버틸 힘이 안 생기면 더러는 포기하기 쉬워
고통도 고난도 지난날의 밑거름이 되는
자양분으로 잘 이겨 낼 수 있지만
때때로 평화만이 생명의 불꽃임을
살면서 깨닫게 되고

우리는 힘들지만 더 힘내어 살아야 함을 깨닫습니다
고뇌에 시달리고 정신없이 헤매이다 낭떠러지 앞에서
굳건한 정신줄만 놓지 않고 잡으세요
갖가지 번뇌 망상 속에서 길 잃지 않고
옳고 그릇됨을 잘 선택해 나아가야지
욕망을 붙잡고서 헤매지 마셔요
지혜로운 사람은 내 앞에 닥치는 문제
경험 지혜로 부딪쳐 슬기롭게 해결하고
선택하는 경륜이 꼭 필요할 때인걸

별자리

그대가 남기고 간 아스팔트 위
발자국 따라 오늘은 낙엽을 밟고
작년 가을바람 한줄기에
머리 위로 낙엽 지날 때 그랬듯이
그때의 낙엽은 행복에 물든 사랑

집착을 버리고 먼 수평선 바라봐도
또다시 바뀌고 무색해져가는 가을
나의 보람 없던 노력 앞에서
한 번쯤 가벼운 미소 피웠지만
인연의 끈이 그리 질긴 것일까

낙엽 내 발길 옮길 때마다 떨어지고
그 위로 가로등 불빛이 슬퍼져 가네
순간순간 그 찬란함이 멀어지고
불행함을 역사로 쓰지 않으려니
유난히 밝은 생명의 별자리 찾는다

노인과 바다

아버지의 기도가 나를 깨우치셨네
살다보면 가끔은 외로워 울지만
영도여 영원하라, 내 마음 고향
봉래산 바라다보며 조각구름 보는 날

누군가에게 마음 위로자가 되어
차디찬 그 마음을 덥혀주어라
어느 날 괴로움도 견딜 수 있는 희망되더라
고개는 들고 가슴으로 열망의 불꽃 일구고

눈물 한껏 나오고 나면 속마음이 후련타
영도 태종대 바다와 감지해변 돌아 나와 보면
해녀촌과 흰여울이 관광객을 반겨주고
영도는 노인이 많고 삼면은 바다

문화교실

좋은 꽃나무 볼 때처럼
내 가슴은 뛰어오릅니다

이런 예쁜 세상 못 보았다면
내 생애 서운함이지요

노래 강사 못 본 채로 세상 떴다면
참 멍청하게 산 거예요

좋은 사람 많은데 사귀어 보지 못했다면
정말로 후회막심일 거요

차유나 강사 참으로 좋은 사람
만나지 못하고 세상을 떠났다면
그 안타까움을 어찌했을지

강사와 손잡고 악수하면
처음 사랑이 느껴지고 나도 모르게 마음
흔들린답니다

강사님과 저 사이에는 마음 전체가
끝나는 시간까지 사랑의 강물만
출렁대고 마칠 시간 되면 허전함 가득할 뿐

초록 바람

흘러 흘러서 바다까지 숨어든 마음
더 넓고 당당해져 속 깊은 여자가 되고

피어나는 그리움들 파도 소리로 불렀던 연가
바다의 전주곡처럼 들려와
속마음까지 비워낸다

바람과 파도와 정분 나누며
내게 남겨진 인생을 노래로 열고 닫을 때마다
가슴에 한자락 초록 바람 되어 부노라

선택

온 세상을 유랑하다
그도 모자라서 부평초가 되었나

그립도록 만났다면
서럽도록 이별 말지

헤어져 영영 못 잊을 걸
이별은 왜 했을까

헤어져 그대 못 잊는다면
그대는 이런 날 용서함일까

넉넉한 가슴이란 하늘 같아서
떠나가도 이해하는 것이며
미워하는 마음을 놓아 버리는 것이요

슬픈 눈의 사슴

염원으로 가득 찬 넋
가슴엔 흐르는 더운 피

때로는 한 방울 한 방울
가슴에 꽂혀 오는 아픔

먼 산 넘는 범종 소리 들으며
차라리 두 눈 감고서 가슴으로 호흡할 때

내 님의 선한 미소 배우려고
가슴이 자비 미소를 익힌다

눈물 고인 사슴의 눈으로
언덕길 돌고 돌아서

하얀 구름 쉬어가는
바위 뒤의 소나무 숲 새로
석양 기우는 길 따라 걷네

절영 해안 산책로

바다가 흐르고 봉래산이 있는 곳
물이 반, 산이 반 여기가 영도라네

물안개 피는 날 방향 감각 묘연해
눈동자 속에서 출렁대는 저 바다

여기서 저기서 모여오는 새 인연
철 따라 피고 진 꽃들은 얼마든가

산길도 물길도 영도서 만나지니
산 내음 물 내음 서로 섞여 남는 곳

청명한 새벽녘 절영해안 산책로
초록색 바람에 세포도 춤을 추네

옹이

옹이 된 마음을 수없이 쓰다듬으며
닫힌 마음의 빗장을 열고
내가 그 사람을 용서하리
그 사람이 다가올 수 있게

얼음처럼 차가운 병든 맘
당신의 입김으로 녹아내려
그 스스로 고집만 내어 더 슬펐지만

나는야 그 사람의 입장되어
생각하고 이해하며 사랑하고
화해로써 받아주어 더욱 너그럽게
내가 이 사람 더 많이 사랑할 수 있도록
하늘이여, 하늘이여 도와주옵소서

은행잎 노래

꽃이 피니
꿈도 피고
단풍 들 때
철이 드네

꿈만 꿨나
한 일 없고
돌아보니
허무할 뿐

영원하라
나의 노래
은빛 물결
휘몰아 도네

3부

세상의 평화

세상을 사는 것은
평화가 으뜸이요
깊은 구렁 속에서
캄캄한 어둠 속에서도
평화만을 허락하소서

희년을 위해 영적의 기쁨
천상의 모든 행복 누리게
주님 도와주옵소서

단 한 가닥 실오라기 인생이어도
나는 무한히 기쁠 뿐
하고자 하는 일 하고 있음에

경기 때 계속 지게 된다면
처절한 절망 속에서 한 번만 더 시작하니
승리가 오는 것이듯 실패의 현장이
승리의 현장으로 바뀌어 질 수가 있습니다

감사

하늘 위의 영광
땅 위의 평화

세상의 귀한 말
모두 모두 다 알고도

늘 모자라서 부족한 말

감사합니다
사랑합니다

무언가 부족된 말
무엇을 어떻게 해야 하나

나도 몰래 이제
당신께 익숙해 갑니다

기도

활 활 활 삶의 불길
나에게 타오르게 하소서

삶의 손길이
당신을 향한 마음처럼
누구에게 자비로울 수 있도록

시름과 집착 던져내
텅 비울 수 있도록 하소서

세상 헛됨 잠재워서
그 아무도 유혹하지 않게 하소서

희망이란 숨겨진 말
기도의 증인 될 수 있도록
하느님, 저희 뜻 이뤄주소서

기도 궁금증

너희가 나를 찾으면 만나게 될 것이다

온 마음으로 나를 구하면
내가 너희를 만나주겠다(예레 29:13~14)

만나 뵐 수 있을 때 주님을 찾으라

가까이 계실 때에
그분을 불러라(이사 55:6)

하느님께서 그대 없이 그대를 창조하셨습니다
그러나 그대 없이 그대를 구원하지 않으십니다

눈물의 노래

내 눈이 안 보일 때 나는 느껴져요
하느님께서 저의 앞에 있습니다
내 손이 떨려올 때쯤
글 쓸 수 없다고 울 때
나는 쉽게 느껴져요
기도하는 사람은
늘 마음은 당신의 따뜻한 온기로
차가워진 저희 손을 잡고 계십니다
하느님 말고 그 무엇도
영원하지 않음을 저는 굳게 믿나이다

어느 날 정신없이 글을 썼습니다
당신의 저울로 달아보면
먼지 한 티끌 무게 안 되지만
글 썼다며 뽐낸 제가 부끄러워
절로 고개를 숙입니다
하느님 당신께서 원하셨던 마음 안에
저도 들 수 있게 이끌어 주소서
두 눈 두 팔 몸통까지 제 기능을 잃으면
저는 하늘 보며 우는 날이 많겠습니다
채운다고 채우고 채워도 부족한
저희 시편을 읽을 때 우는 날이 많을 제가
사소한 풍경과 보잘것없는 생명에게
당신 입김 스치는 훈훈함을 보내실 때
그 감동 스미어 흐르는 눈물은 더욱 뜨겁습니다

기도의 삶

마음이 아플 때
가만히 앉은 채로
나만의 기도를 드립니다

누구 때문에 마음이 아파서
원망은 더욱더 아프게 되고
상처만 깊게 패일 일이기에
가만히 다독이며 기다리니
어느 날 나도 모르게 조금씩 치유가 되었네

세월이 덤으로 주는 특혜인 선물
기도의 선물이 있음에
오, 나의 치유력은 역시 기도
매 순간 느껴 깨닫습니다

당신은 누구시기에

희망은 늘 꿈만 꾸는가
한없이 나약하고 힘도 없는데
믿음 또한 나약하여 두려운데
괜찮아, 기도 중에 말하시는 당신

살아 있는 자체가 희망이고 기쁨인데
조바심 가지지 말라, 그 말씀 하신 당신
어지러웠던 어제 순식간에 지나고
내게 맡겨질 오늘이 왔어요
오늘 아침 다시 눈을 뜹니다

내게 맡겨질 어떤 새로운 일 하려고
크게 숨 내쉬고선 새 힘 얻으려
노래 부르고 기도도 드리오며
날 위해서 희망이 될 터이니
깨어나는 그날까지 가슴 부풀어
늘 희망적입니다

살 만한 세상

거리에 어둠이 내리면
왜인지 마음 한편이 불편했던 날
여섯 살 어린 내가 밤잠을 깼을 때
밖을 뛰어나가니 어둠 속에 비행기만 날고
유리 창문에도 불빛조차 없던 그때가
오늘날 얘기로 그날이 6·25라

지금은 밤이 낮보다 환해서
지난 비극이 또 있어선 안 되니
나라 맡은 분은 국민의 안정을 위하고
우리 다시 태어나도 이 좋은 세상에 살아가리

어린 시절 가난해 시달려 살았던 날
지금은 부족함 없이 사니 나라 건진 덕분
우리에게 일용할 양식도 내어 주신
저 하늘에 깊은 감사 잊지 말았으면
우리나라 좋은 나라에서
기도하고, 노래하고, 시도 쓰는
좋은 세상, 아름다운 세상, 살 만한 세상
내 인생에 있어서 최고의 날들

모자람

세상 가득히 넘쳐 오르는
그림과 시를 보며 듣는 순간
어느 음 어느 언어 못 잊고 순간
언제 보아도 신명 가득

밤새 억누르고 거부한다면
더 성장 못 할 것이다
언제나 기대와 가까워지려 무척 노력하건만
은빛 광선 눈부신 아침 오면
문학을 알아가는 여인으로
성숙하여 제자리로 다시 왔음이나

역사는 깊은 밤에 이루어지고
수천 년 빛나는 나일강
저 다리 아래로 흐르는 강물
거문고 소절을 졸졸 외우여 흐르는데
밤을 셀 수 없는 이유만 늘어나
나의 기도는 턱도 없이 짧았더라

참된 일생

먼 곳 떠나가신 님은 몇 길 흙 속에 묻고
씨앗 얻은 정 북돋아 준 님이시니 향불 피웠고
파드득 까치 한 쌍이 구름 아래로 날으니

사랑의 눈물까지 쌓이고 쌓이니 한숨만 맴돌고
동터 오는 새벽녘 님 없이 긴긴밤 지루하기 끝없지만
까치 소리로 꿈 깨어보니 새벽녘 다시 왔구려

나 이제 한마음 겨우 얻어 미처 몰랐던 눈물
애태웠던 번뇌도 여유 생긴 마음으로 앉힌 채
앙상한 두 무릎이 넘어져 뒹군 날 피맺힌 멍 자국

어머니 이르던 말씀 집 떠나 보면
나도야 가슴 쥐어뜯듯 눈물이 솟아지니
꿰매도 한 알을 놓쳐 모자라 바늘 끝이 무디다니
단 한 번 생명이다 씨줄 날줄 고이 엮어서
변두리 작은 마을에서 몇 안 되는 둥지

오늘 밤 내 신앙 받들어 정성 들여 만든 묵주
사도신경 외워 바치는 가득함 어여삐 여기소서
기도의 증인 되도록 사랑을 펴오리다

성직자

무엇 하나 내세울 것 없어
좋은 인연 줄 못 만들고
수줍게 내밀었던 글 한 장에
눈부신 님은 미소로 흔쾌히 받음이니
그 환희로움에 가슴이 뭉클해

초라한 영혼까지 맑혀주신 님
님의 미소처럼 좋은 날 성전에서 기도로 화답하니
궁색했던 수줍음도 가슴으로 건네져

미사 후 친분 나눔의 인사 악수로
두 손 마주 잡아 줄 때
따뜻해진 사랑 마음 전해져
많은 사모의 물결 파도치게 했던가
내 가슴 한가운데 태양 하나 걸렸음이오
늘 교우들께 사랑 전한 성직자

울지마 톤즈 감상
- 故 이태석 신부님

꿈을 이룬 사람으로 충분히 행복하며
톤즈의 하늘 아래 영원히 빛이 되어 남은 분
전쟁으로 몸과 마음 부서진 그들 위해
학교를 먼저 세우고 학생증도 줬는데
베푼 사랑만큼 더 큰 그리움 되어
그들의 가슴속에 남겨진 님, 총 대신 악기를 들게 한 분
악기를 든 톤즈 아이 보며 행복해하는 신부님
우리 주님을 그대로 닮으신 분
음악이 톤즈 아이들 붙잡아 주기를 간절히
바라신 마음으로 음악을 가르쳤던
이태석 신부님은 영원한 사제로서
늘 깊은 애정으로 지켜봐 준 신부님이시니
"톤즈의 사람들에게 도움을 주셔서 감사합니다.
신부님을 위한 기도를 합니다." 그 아이들이
이 말 도중에 참지 못한 울음을 토해 냈을 때
가슴 뜨끔해오며 마음은
붉은 피가 끓어 오는 걸 느꼈습니다
투병 중에 톤즈 아이들 후원금 마련을 위해
마지막 무대에 선 신부님은 참으로 장하셔라
주님 닮은 그 모습, 이 세상 모든 이에게
기억되실 분으로 선정되시고, 주님 영광 드러내시어
우리의 가슴을
사랑으로 출렁이게 합니다
지극히 높으신 분, 하늘에 계신 우리 주님

우리 아버지 하느님께서 펼쳐 놓으신
아름다운 무지개 동산을 휘황찬란한
광채에 싸여 그분(신부님)께서 걸어가시네
그분 가시는 뒷모습의 찬란한 밝은 빛을
우리는 우러러보나이다
감추려 해도 감출 수가 없는 빛
막강한 힘으로 우리 몸 안을 뚫고서 들어오나이다
신비스런 사실의 결정체로 우리에게 남겨지시네
또 다른 신비로 결정되면서 신부님의 빛나는 업적
나와 우리의 마음속에 울리는 메아리요
영원히 타오르는 등불 되게 하소서
저희 죄를 용서하시고 주님의 은혜로 채워주소서
제게 힘찬 용기 주시어 주님을 찬미하고 찬송하며
주님의 영광을 드러내는 일을 할 수 있게 하소서
아버지 하느님 간절한 저의 청원드립니다

아낌없이

육신 사는 이 세상에 충실했던 그대는
실제 세계는 육신도 불태워
더욱 모범된 몸이었네

평화로운 세상을 열어가는
나의 간절한 기도가 엮은 글
초록 맑은 기운이 글 속마다 스며들어

내 가슴속에 샘물이 솟구쳐 흘러
영영 마르지 않는 샘물이 되어
나의 절실한 기도를 사랑하는
그대에게 아낌없이 바치고 싶다

고향

우리 삶 속에 찾아든
그분의 따뜻하고 부드러운 손길

계심으로 나는 수월하고
편안하고 복되고도 감사 넘침이
그토록 신비스러웠습니다

말씀은 늘 저희와 함께지만
그 말씀이 열매 맺도록 하는 것은
자신의 몫입니다

진정 말씀이 내 안에서 반짝이고
빛날 수 있다면 우리는 육보다
진실한 영임을 응답 드립니다

그래도 어머니는 감사만 쌓고 계시고
우리 삶이 이래 저래 섞여가도
사는 삶이 남모르는 보물 창고 같았습니다
어머니의 보물 창고이고 난 너희의 고향이니라

우리 어머니

살뜰한 정 나누며
사랑 배워 익히기 전
세상 떠나신 우리 부모
함께했던 세월보다
빨리 온 이별 앞에 봉래동 성당서
장례 미사 치르던 날 목이 메어
긴 세월 냉담했음이 가슴 쓰려 울었나이다

세월이 많이 흐른 후에야
지나간 날 성찰하고 고백하며
애틋한 마음 담아서 뜨겁게 눈물 뿌렸던 날
통회의 뜨거운 눈물에 내 가슴에 박혀버린 아픔
노을빛 곱게 물든 내 마음속에
봉래동 성당 마당에 하늘 우러러
두 손 모아 미소 지으시는 성모여
모두의 하늘 어머니께 애잔한 기도 바쳤나이다

거울처럼

거울처럼 실상으로 살핀다
나에 대해서 타인에 대해서도
거울은 자기 색깔 가져선 안 된다
본래 면목 진실 그대로를 비출 수 있어야지

거울은 자기 색깔이 없기 때문에
거울은 스스로 다른 색깔로 바뀌려 하지 않는다
서로가 서로에게 서로를 위해서
맨 처음처럼 거울로 있으면 만족인 것을

모두가 모든 것이 변화하지만
그 족쇄가 풀릴 때 비로소 기쁨과 평화로
변화가 쉽지 않지만 나만은 거울처럼 거울에 맞선다

나는 거울처럼 실상으로 나서려고
거울처럼 실상을 꿈꿀 때 평화를 누릴 거다
예수가 거울처럼 있을 그 때
누구는 깨지고 넘어지고 누구는 일어났더라

감사와 사랑

사랑합니다
고맙습니다
감사합니다

감사와 사랑
사랑과 고마움
아무리 외쳐도

정말 아름답고 기분 좋은 아름다운 우리의 언어

넘치지 모나지도 않는 진솔함
아- 하느님이 우리에게 허락하신 특혜

사랑이 없다면 아무것도 아닙니다
한글을 남겨주신 세종대왕 또한
하느님이 내리신 영감의 선물

사랑 감사 배려로 사는 세상
사랑은 공기 산소 없다면 전쟁터요 물 없는 사막
세상이 전쟁터임은 사랑이 없기 때문

두 팔 사랑

두 팔 안으로 굽는다 하여
등 뒤에 서있는 사람이던
그대를 껴안을 수 없을손가
내 한 몸 돌아서면 충분히 안을 수 있다

창조주가 없으면 우리는 없고
부모 안 계시면 나 또한 없이
이 한량없는 은혜 벅찬 감동
감사와 고마운 말 어찌 다하려나

사랑으로 이어지는 나의 삶 속에
낯선 골목 돌담장 아래를 걷다가
누군가 부르는가 하여 돌아보는 순간
내가 저 꽃나무였고 꽃나무 아래 선 사람이
그 이름 해경인 것을

너를 아끼며 기르는 한 송이 화분
가지 마라 튼튼히 자라나라 기도로 물 주어
푸른 잎새의 널 기다리는 소망
손바닥 넓이에서 내 등까지 자랐네

사랑은 메아리다

사랑 가득 품은
당신의 가슴은 꽃바람입니다

찬 바람 찬이슬에
세상 얼어붙어도
사랑 가득 품은 꿈은 봄날의 아지랑이입니다

추위에 그대의 꿈속에는
어여쁜 꽃바람 가득해서
포근하고 향기로운 봄날입니다

내 한 몸도 하늘이 내려준 크나큰 사랑임을 아소서

묵상 글

예리한 통찰과 과감한 실천이 필요한 지금
당신께서 보내주신 어진 목자
프란치스코 교황은 우리에게 밖으로 나가
발에 진흙을 묻히라고 하십니다
부조리한 현실 앞에 비겁하게 숨어
고결한 척하지 말라고 하십니다
무관심의 세계화가 우리에게서 슬퍼하는
능력을 제거해 버렸다고 안타까워하시며
당신께서 슬퍼하는 은총을 행하십니다

산산이 부서져 가며 씨 뿌려 키워낸 과실
대가 없이 먹으면서 그들의 고난을
외면하고 냉소를 보내지 않았는지 반성하며
"안녕들 하십니까?"
젊은이의 외침에 귀 기울이겠나이다

인간의 가치와 존엄성에 대한 깊은 경탄을
일컬어 기쁜 소식 즉 복음이라고 합니다
세상에 복음을 선포하라는 당부를
세상에 당신의 이름을 알리는 것으로
착각했던 건 아닌지 돌아봅니다
복음의 기쁨을 교회 안에서만 아니라
우리 모두가 누리는 세상이면 좋겠습니다

교황 프란치스코

266대 교황 프란치스코 교황님
아가 천사는 싱싱한 바람이며
입가에 피는 해맑은 미소다
아가는 꿈이고 또 사랑, 행복, 평화

풀꽃들 피어 아름다운 들이다
험한 세상 또 넓은 들녘 아름다운 석양
아가 천사 가슴 안고 하늘 축복으로 들꽃 피어나면
미소 지을 세상에서
축복 도시 하늘도 축복 은총
오는 세상 평화 하늘나라 영광 교황님께
아름다운 세상 양심 깊은 세상의 평화 바라며

프란치스코 교황님께서
당신은 많은 이와 친구라오
복음 말씀, 복음 성가, 친구를 당신 곁에 두시고
사랑을 키워 나가신 분
사랑 끝없이 키우려 했지만 여기까지뿐
가슴 뛰어 오름을 가만히 누르고 선 채로
묵주알 돌리며 기도합니다

좋은 것은 행복

매일 나의 그리움 써나갈
노트나 종이가 있어 좋아라

매일 기도를 피워나갈 양초를
충분히 가질 수 있어 좋아라

내 가슴보다 더 부푼 꿈이
예시를 하고 있어서 좋아라

모순됨을 잘 다듬어
가시조차 가질 수 없는
연꽃 됨이 행복이어라

내 가슴 안으로 정겨운 사연도
풍부하여 그 또한 행복이어라

하늘 아버지 부르며 열심히
그 사랑 안에 머물러서 행복할 것이라 생각되니
그 행복 맘껏 즐겨라

사순묵상

성당을 나가는 몸이니
사순 시기는 더 없이 바쁩니다

넓은 세상이 광야로 불려지는데
저 광야를 헤매 돌며 부서지고

또다시 부서져도 물이 되고 바람 되고
빛이 되어 진다면 삶이 희망적일 텐데

세상이라 불리는 광야에서
당신의 사랑에 젖고 젖으며
모든 게 기도로 열리는 오늘이 참 아름답습니다

한 뼘도 안 되는 가슴으로 광대한 당신
사랑 헤아릴 수 없지만 타오르는 사순 시기
고요히 잠재워 주심에 감사드립니다
미사 때마다 우리에게 아낌없이 강복해 주시는 분
주님의 사제이십니다

그리스도를 따라 걷는 길, 알뜰히 가르치신
당신께서 계시니 성령으로 가득 찰 수 있습니다
이 순간 가장 아름다운 눈물 언어로 기도하며
하느님께 다가섭니다

베풂

베풂이 없는 자라며 말하는 방랑자가
그 베풂 없다는 그 자가
낮에도 밤에도 성당을 찾으니

하늘 아버지께서 내 사랑은 끝이 없는데
그것을 모르니까
느끼는 가슴을 가지거라
하늘에 계신 우리 아버지 하며 십자를 그으니까

풀잎에 맺히는 이슬까지 사랑하며
하느님 영광이 그 자에게 비추었음을 알고

구걸하는 자에게 은총이란 큰 힘 주시는
하늘 아버지께 감사 표현은 기도뿐이옵니다

감사하는 마음

해 지면 저녁이 되고
새도 보금자리 찾듯이
편안하고 고요한 자리로
한 단계 옮겨가는 내 삶이 편안합니다

나를 할퀴고 간 상처를 보듬고
아픈 만큼 성숙한 내 모습에 감사할 수 있어 고맙고
육신은 나이 먹어 주름져도
영혼은 새파란 젊음 그대로임을 아소서

아름답게 마음은 깊어만 갔고
누구 앞에서 당당함은
바로 당신께서 매일 젊다는 생각만으로
당신 앞에 나를 서게 하십니다
이제는 감사하는 마음 바칩니다

나의 그림자여

창밖에서 불어대는 바람 따라와
이따금 내 창문을 흔드는 소리
이제 돌아가련다고 알리는 소리

하늘에서 내리는 눈을 타고 내려와
소복소복 뿌려놓은 눈 속에 묻힌 사연
나를 찾아온 님의 하얀 속살이었나

눈꽃 가득 핀 하이얀 산하에서
서로 뛰어가며 두 손 잡았던 밤
나는 밤새도록 황홀한 꿈만 꾸었구려

매일 밤 고이 잠 못 들면 당신이 품어 주시어
따사로이 감싸 안아 주시고
울어 볼 수 없는 마음일 때면
등이라도, 등이라도 쓰다듬어 주시길

보호자

해변의 모래처럼 많은 사람
내 손이 닿는, 내 맘에 맞은
단 한 사람
고작 한 사람인데도
세상을 다 얻은 기쁨

하나일수록 더 귀하고 아름다운 것
해변가의 조개껍질보다
내 손 안에 든 것이 더 많이 예뻐 보이듯
안개 자욱하고 보슬비 내리는 어느 날 오후 태종대

당신의 한 마디에 늘 배려가 있어
오래오래 동행하고 싶습니다
둥지 속 어린 새가 어미 새의 먹이를 받아먹듯
격식 또한 필요 없어 나에게 당신이 첫째입니다

고독한 늪을 나와

철저히 낮아짐을 연습해도
칼바람 한 오라기 화살로 꽂혀오듯
뼈를 깎는 인고의 나날
신음으로 온밤 견딘다
너를 보내고서 산 세월이 오십오 년
평화 속에서도 가끔 가시가 가슴에 꽂혀와
죄인의 고통도 나누어 가지신 주님께
늘 마음을 봉헌하며
소공동체 속에서
오늘도 하느님께 기도하는 더 좋은 하루

바다를 건너가는 마음

고통스런 굶주림 속 아이가
당신을 향해 달려온다면
어찌하겠습니까

외면하거나 물러서지 마십시오
희망으로 사랑으로 채워 주십시오

우리 세상은 좋은 곳이어서
땅 위에는 사랑이 있음을
보여 주어야 하는 것
그들의 원조는 우리의 몫인걸

공허

무디었던 생각은
세상 살며 칼날 되고
유수 같은 세월에
아쉬움이 가득해
찬 바람 한줄기가
가슴을 파고들 때
의미 없는 존재로 남아
빈 가슴만 어루만지네

오늘 하루

가끔씩은 실수도 허물도 웃으며
내려앉은 어깨 매만져주는
단 한 명 친구 있다면 행복한 사람
저 하늘 별이 비추어질 때
기도로 마음 달구며
책 읽는 사람이 아름다운 언어로
하루하루 가식 없이 사는
뒷모습이 아름다운 길 가는 것

4
부

철든 잎의 노래

철없이 어머니께 투정하던 그 마음이
잘못이라는 것을 알고 있었다면
어머니를 그렇게 아프게 하지 않았을 텐데

내가 아버지 말씀 따라
성당을 나가지 않았음이
아버지를 섧게 보내지 않았을 텐데

모르는 것도 죄가 된다는 것을
이제사 알게 되었습니다

봄을 좋아하신 어머니
가을을 즐기시던 아버지

어머니는 바다로 아버지는 산으로
늦게 철든 잎을 보시며
이제야 안심되어 숨을 푹 쉬시겠네요
효도 한껏 못 한 이 여식은
불효의 죄 때문에 울고 울어요

용서하소서 어머니

너 잘 사는 것을 내 보고 죽어야 하는데
어머니 애타던 바람을 들어드리지 못하고
끝내 불효를 범했사오니
용서하소서 어머니

두 아들과 헤어져 있는 게
눈물 나는 일이기에
어머닌 항상 너 행복한 것 내 보고 죽어야 하는데
걱정만 안겨드린 채로 끝내 불효를 범했사오니
용서하소서 어머니

내 잘 사는 것 행복하게 사는 것이
어머니 생전 소원이었는데
풀지 못하고 떠났음이 내 가슴에 돌 하나 얹은 느낌
어머니는 저보다 더 많이 고생하신 분

그래도 지금은 마음 편히 있어요
걱정은 마세요
어머니께서 하늘에서 내려다보시니
자식은 저와 가까운 대구에 있어요

아들의 사모곡

영리해 너무 영리해
하늘이 아들을 빨리 부른 거야

어미의 두 눈은 눈물강 이루고
보이는 것은 너의 얼굴 하나뿐

눈물은 붉게 타는 저녁놀 됐고
수십 년 말없이 그냥 우울히 보낸 세월

속울음 속에 목이 쉬어 버린 날
부기 오른 얼굴에 끼니도 마다하고
싸늘한 철길 위로 무작정 걸었지

너도 없는 세상에 내가 무슨 소용 있나
수십 년 말없이 그냥 지나쳐
뼈 마디마디 숭숭 뚫리는 아픔에
밤마다 울어 울어 뼈들의 합주곡 듣고

아~
사는 게 이렇게 힘이 든가요

가슴으로 내린 눈물

지금껏 생각 편히 먹다가 나를 따랐던 지인은
몇몇만 남기고 떠나가
나를 눈물짓게 만들기엔 내 피는 아직도 따듯하다

아버지 생전에 두 형제가 한이 깊어서
작은아버지 떠나실 때
나는 가지 못한 게 무릎 수술 때문이었다

학식 있고 서예도 시도 잘 쓰던 분
나는 마음 아플 수밖에
은행으로 부조 보내놓고
마음만은 이게 아닌데

작은아버지께서 써주신 글
'천재설소 만복운흥'
그 글 보며 풀어보니
천 가지 재앙이 눈처럼 소멸되면
만 가지 복이 흥하다는 뜻
뵙지 못한 가슴은 슬픈 눈물 내리고
저희 잘못 크니 용서하소서

바다에 서면

망망한 바다에
심신을 맑히고

밀려드는 파도 속에
들려오는 엄마 소리

용기 잃지 말거라
굳건하게 살거라
간절하다 그 목소리
물으로만 가는 사연

아득하게 들려오는
그리운 소리지만
내 가슴에 안겨들 땐
한 옥타브 높게 높게

바람은 바다를 울게 하고
바람은 물결도 춤추게 해
내 가슴 밑까지 전해졌네

어머님 보고파 그리워져
또 한 번 가슴에 안겨오네
바다에 섰을 때는
이렇게도 간절함이여
이렇게도 목마름이여

용서하세요

요즈음 조금씩
바뀌어 가고 있다

친구와 야외로 가면
들꽃들 탐스러워 손을 대지만

탐하며 혼자 봄도 죄송하여
오늘은 조용히 카메라에 담고

달라진 마음으로 함께 보며 즐기려
장미 한 다발 어머니 사진 앞에
놓아 드리고선
아무리 보아도 예뻐서

어머니 아버지 지난날 표현 못 한 말을
사랑하는 부모님 우리 돌보신
그 시절 그때 참 그립습니다

태양처럼 별처럼 꽃처럼 너무너무
사랑함을 저희 자신 바빠서
잊고서 살아왔음이요

딸에게 보낸 문자

세상이 황폐된다 해도
마음 무디어지지 않으려면
매일매일 세상과 부딪쳐라

때론 마음 상처받고 아파도
잘 자라려는 성장통이라 여기면

마침내 네 꿈은 이루어진다
매일매일
네 꿈에 도전하는 삶이 돼라

통곡

어느 먼 옛날 이야기
한 여인이 송두리째 청춘을 내던졌던 먼 옛날
울먹이다 불러대다 잠 못 든 수많은 밤

그 여인은 피와 살과 젊음을
내던졌지만 돌아온 건 없었다네
그렇게 한 세월 고독 속에 살 때
그늘지고 말이 없던 무표정의 얼굴은
스스로 만든 모습

큰 슬픔뿐이 아니고 애지중지 키워오다 빼앗긴
토끼 같은 자식 얼굴 떠올라
울며 슬퍼했던 무수한 세월
어찌해 잊고 살리오
피는 끓어오르고
뼈가 우는 일뿐인데…

미안한 날

어느새 육지가 바다 되어 버린 숲
가지 끝에 매달려 우는 저 새는
가슴 떨린 못다 흘린 눈물이랍니다
내 마음의 숲속은 당신 외로움 감춘 숲

이제껏 어깨 너머 배워 익힌 막내의
질경이 삶 같은 열정이 나를 노래하게 한다면
그 노래는 끝없이 길들인 펜과 종이 챙겨 드는 것

숲 그늘 조용히 앉아서 새소리
슬프게 엮어내려 시어로 완성해
오늘 더욱 바람 불어
시린 가슴 온종일 갈대 따라 흔들리고
내 인생의 보석 하나 만들자 해도
순간순간 슬픈 건
막내아들 주영아 미안하구나

어머니

소리 없는 세월은 고운 색깔 화사하고
못내 그리움의 햇볕 뿌려 스미는 정을 마신다

흐르는 물에 손을 살짝 담그면
빨주노초파남보 하늘 무지개 내려온 듯
언제 보았던 그리움의 사랑인가

혼자밖에 못 보는 하늘 무정해
세상천지 어둠 오면 영혼은 자유
끝없는 염원은 세상에 머물 때
내 어머니 모습 닮아 버린 나

인생이란 그 길은 가슴 아픈 길
처음 올 때 울고 돌아갈 때 울어도
맨손 맨주먹 피범벅이고 아팠던
이 세상 귀한 이름 어머니

무지개 언덕

이 세상에 단 하나뿐인 부모와 자식
하늘에서 내리신 나와 너의 인연
철없던 그 옛날 어제 같았고
불같은 청춘도 어제 일이네
꽃봉오리 사십도 금방 지나고
꽃 같은 청춘도 어제로 끝나

좋을 때 힘들 때도 너만 바라보면
좋은 날 좋은 시에 무지개 언덕을 함께 걷자
우리 모자 손잡고
꿈 많고 열성 넘치는 너는 오십 고개 가고
딱 인생의 절반에서 뒤돌아보며 무엇을 고민하냐
지금부터가 기회란다

옛 노인 말씀에 마음 급해 하지 마라
철학적인 시인은 아름다운 무지개색
깨달음 많을수록 지난날이 고맙기도 해
서러운 추억이 큰마음 키워내고
아들아 철든 후 지혜로 성공한단다
철든 잎의 음색은 아름다운 무지개색이야

늦은 후회

아픈 일은 시로 잠재우고
슬픈 마음 노래로 잠재우며
비 오면 얼굴 들어 하늘을 향해
빗방울 수만큼 얼굴 흠뻑 적신다

우리 엄마 가슴속 같은 바다
마음 홀가분해질 때까지 바라다본다
내 곁에 다가오는 사람에게
미소로 먼저 손 내밀어 따끈한 마음 전하며

당신이 내게로 오기 힘들면
먼저 당신께로 다가설게요
호올로 가는 길은 외로웁다지만
인생 공부하기 좋습니다

엄마 인생을 늦게 알고 응원하는
너무 늦은 딸로서 부끄러울 뿐
한 박자 놓친 늦은 깨달음이 아쉬워
이제라도 깨달은 가슴이 아프지만

부모님은 가슴에 응어리진 상처
어떻게, 어떻게 치유하였을까요
밤 깊어 가로등은 더욱 슬픈 불빛
사시사철 눈비에 젖어 우는 나의 후회여

해경 생각

오늘은 더욱 맑은 푸른 하늘이라
저절로 에너지 만땅이야
맑고 투명한 눈동자의 해경이는
생각만 해도 기분은 날고

몸 전체 온기가 가득해지니
머릿속은 생기 나돌고 뇌는 빛으로 광이 나
해경이가 헤아리는 지혜는
날로 새롭고
더욱 깊어져 영광되기를 바라며

오늘도 널 위해서 신성한 기도를 드린다
투명한 눈동자가 그리워만 지는 지금
서로서로 그립고 생각할 때가 사랑이야
오늘은 왜 자꾸 생각이 네게 머물까

곤경에 처할 때는 살길 열어 주시고
일한 만큼 풍성한 열매 맺게 하시며
어려움 속에서 희망 돋게 하시니
거룩하신 하느님 저희 모두 감사드립니다

어머니 1

어머니, 내 어머니
거룩하신 그 이름
이 우주 어디서 건져 내어 오리까
밤하늘 별에 가도 맺을 수 있으려나

수많은 인연의 끈 중에서
부모라는 호칭 속에 태어나와
어머니의 끈을 잡고 세상에 왔으니
당신은 누가 뭐라 해도 내 어머니

어머니란 이름 갖는 그 영광도
어머니로 통해서 저에게 왔나이다
하늘이시여 하늘이시여
거룩하신 우리 어머니 그 명성

나에게로 물려주시고
조용히 비워주신 어머니 다른 자리
어머니의 딸이어서 행복했어요
이제부터 영원히 거룩 되게 하오리다

어머니 2

나는 당신에게 사랑처럼 스치는 바람입니다
학교는 다닌 적도 없다는 어머니
꿈과 야망과 희망과 기도는 어떻게 배우셨나

나는 오래도록 머물고 싶은 바람
어머니와 맞바람 된 채로 가끔 만나서
한 편의 자작시를 쓰게 된 이유라서

떨쳐 낼 수 없는 나의 귀중한 시詩가
어머니의 생전 애환이니 써나가요
당신은 연필을 내 돌상에 얹으셨다죠

어머니 얘기 속에 제가 공부하려 했는데
궁핍하여 학교 끝까지 못 보내
숨이 막혀 가슴앓이한 어머니

딸은 내 팔자 닮지 말아야 한다는 말
어머니 제 마음도 울며 입산한 때
그 시절 칼 세 자루 마음에 꽂고 승이 되었죠

말하기 전 삼키고 표정 지웠던 그 시절
자꾸만 생각 속에 싹튼 어머니
사랑 노래 눈물로 부른답니다

모정

어느 하늘 아래서 펴지 못한 어머니의 꿈
지금도 먼 하늘로 흘러 다니시나
한 자락 구름으로 떠돌 자식 살고 있는
문 앞에서 한 많은 걱정 지금도 깊으신가요

살아생전 일 중 하나만 용서 청하옵니다
마흔 때 어머니의 건망증을 모른 채 넘기었어요
곁에 있어 드리지 못하고 시집에서 살았으니

우리 자매는 동서남북 흩어져 사느라
모르고 넘겼으니 이제 와서 변명하고 핑계 대니
부끄러운 수치심 일어요
은빛 눈을 감추시고 말씀 없으시네요

어머니의 꿈 한 가지 못 푸신 게 아파요
자식의 아픔은 당신이 대신하심을 알아요
치매는 무서운 병
밤바다를 육지로 생각하신 어머니
바다는 저의 눈물이에요

치매인 줄 몰랐기에 밤바다 가셨죠
어머니
나의 죄가 크나 한 마디 없으시니
내 탓이어요, 내 탓이오, 가슴만 치옵니다

노래는 사는 이야기

오늘 밤은 잠 설치고 글 쓰는 어머니의 이야기
유행가의 노래 가사처럼 나열시켜 보며
잠까지 달아난 깊은 밤 1시 40분
웃고 우는 인생사
우리네 사는 세상 이야기
기막힌 노래입니다

젊을 때 오래도록 산으로 공부 배우러
다닌다고 못살았던 가정사를 원망했어요
내가 집안 안 돌보니 어머니만 야단맞으시고
딸이 공부 못 하면 시집 못 가고
평생 대우 못 받는 게 싫어서
사찰 공부도 했지만
아버지 반대로 끌려온 셈인데
집 안에서 십 년 묶인 듯
나의 글공부도 끝난 셈이 되었지만
울고 웃는 인생사
모두가 우리 사는 세상 이야기

집 찾아 골목길 들어설 때
가로등 불빛에
그늘진 어머니 눈에는 눈물을 나만 알고
천상의 이불 같은 어머니 있는 고향 가고 싶은 내 마음
삼월에 내리는 비 같은 은혜의 곡으로
내 마음에 전해져 내리고
어머니 말씀대로 푸르른 구름에 안겨 가시는 날
슬프고 아리어서 울음 쏟아 냈지요
어머니 가슴에 불씨 하나 살아있어
밤이면 어둠 밝혀 들고서 서 계십니다
지금까지도

잘 살아

사랑할 힘이 있는 날까지
마음 다하는 그날까지 곁에 계신다면
내 마음에 죄가 안 될 만큼만
사랑하며 살려고 합니다
내 마음 다 줄 수 있어도 조금은 남기고
고요한 호수의 잔잔한 물결처럼
너희의 곁으로 한결같이 가겠어

비가 오는 날이면 젖을라
바람 부는 날이면 감기 들라
그 뒤를 따라서 나설 정성 깃든 생각
절망의 그늘 위에서 나의 친구인 듯 연인인 듯
꿈도 되고 희망도 될 수 있는
해경이와 주영이는 예쁜 꽃을 사와 키웁니다
어떤 꽃나무가 너희 둘을 위할까
둘이는 어깨동무 친구로 깨 볶는
천년 배필로 잘 살아, 잘 살아라

어머니 3

당신은
고향 같으신 분

빗속에서
단풍 속에서도

자연이 허공 속에다 쓴 시
마음속에서도 그리 적힌 것을 읽어 왔습니다

어제까지만 해도
가고 싶었던 고향

이제는 가지 않아도 될 것 같네요
낮이나 밤이나 내 곁에 계시는 바로 내 고향이시니

축복뿐

봄날 개나리처럼
노오랗게 웃어주는 아이
여름날 해바라기 꽃처럼
희망 꽃이 되어주는 아이
가을날 국화꽃처럼
향기를 품은 내 아이
겨울날 동백꽃처럼
뜨거운 열정을 꽃 피워주는 아이

이 세상 사는 그 끝 날까지
양귀비의 꽃말처럼 이름 예쁜
또 다른 꽃인 천리향과 백서향
매화처럼 꽃도 예쁘고 향기 짙은
유래 깊은 그마다의 지닌 꽃말 닮아

우리 미래의 복된 아희로
우리나라 빛나게 할 어린 천재가
수두룩 나오는 대한민국 되소서
뜨겁게, 뜨거웁게 사랑하다 가게 하소서
이제 축복뿐이옵니다
하늘 향해 축복 기도뿐입니다

영특한 아이

하늘에 사는 너 생각하면
고독한 마음 들어
저 바닷물에 풀어 놓던 날
날 위해 노래처럼 살기로 결심했지

세월의 두께만큼 지울 수 없던 그리움
독하게 밀려드는 그리움 때문에
한 삼십 년은 울었지만 내가 사는 길 글 쓰는 일뿐

엄마야 밀감 하나 사주세요
지갑 속에 동전 세 개뿐
세 아들 나눌 수도 없어
내일 사주마 단념시켰던 게 얼마나 마음 찢어지던지

그 이후 내게 사달란 말 않던
착하디착한 것을
너는 엄마 마음 다치게 한 일도 없었다
너무 착한 내 아들아

만났다가 흩어져 간 하늘 구름
맺혔다 사라지는 풀잎 이슬도
태어나서 처음 보는 그 떨림 일던 맘
지금까지 그 떨림이 고이 남아 있는데
누가 그랬을까
날 보고 글 쓰라 했었네

가을이면

마음속으로 늘 그리운 부모님
음성만이라도 듣고 싶은데
먼 길 떠나가신 부모님
다시 뵈올 길 없어라
돌아오실 길 잊은 걸까
잊지 않았다면 그 오랜 세월
수십 년이 흘렀는데
부모님은 어이하여 못 오시나
풀섶의 벌레 소리 귀뚜라미 우는 소리
잊지 말라며 들려주건만
생전에 못 잊을 꿈속의 부모님
잊을래도 잊을래도 더욱 그리워

며느리

나는 나는 좋더라
해경이가 전화 줄 때

나는 나는 좋더라
해경이가 어머니, 어머니 부를 때

무엇을 잃어버렸는데
그 무엇을 찾은 느낌

해경이를 어떻게
위해주며 지켜내야 하나

만난다 생각하면
내 마음은 희망 꽃이 피고

예쁜 얼굴 쳐다보면
넌 하늘이 보낸 수호천사다

그 누구가 뭐라 해도
넌 나의 귀한 하늘 인연이야

상처

내 혈육
내 마음
다 저버리고
멀리 갔을 때
손에 쥔 것이
순식간에 빠져나가 버린다

가슴 까만 숯 되어도
숙명이거니 살결
깊은 속울음
인생의 밑거름이 돼
자생력 생기나
대단한 용기로 홀로 섰다
상처도 때로는 훈장처럼
달고 사는 인생이어라

태종대 자갈마당

그 무엇을 찾아왔을까
가슴은 자꾸 흔들리는데
오늘도 태종대 자갈마당
이름마저 눈물 시려오고
어느 사이 맺혀진 눈물 자욱
수평선 넘나드는 파도
삼키고 간 그날의 전주곡
느끼면 더욱 가슴 아파오는 날
혼이 나간 듯한 미쳐가던 날
무엇을 얻고져 너 생각하나

이 가슴이 과녁이라 여기고
화살 하나만 꽂아주세요
불붙는 화살이라면 더 좋아요
아들의 아픔은 전해
느껴 보아야만 하오니
추위가 심한 태종대 자갈마당에서
홀로 선 채로 인생은 한 권의 책이어서
펼치면 이야기이고 덮으면 추억이오니…

후회

세상을 조금만 더
일찍 알았더라면
부모 모두 아쉽게
보내지는 않았을 것을

모른다는 그 생각 자체가
지금 생각해 보니 죄스런 일
두 분 모두 아쉽게 보낸 후
인생 허무를 노래해 봐도
지금은 아무 소용없거늘

그리운 맘 산처럼 높고
애달픈 맘 바다처럼 깊네
늦은 후 후회하면
정말 어리석음뿐이요
편찮을 때 병원 모시고
시중들기가 최고일세
안 계실 때 후회 없기를…

참되게 사는 법

어제는 길바닥에 넘어져
뒹굴었는데 밤새 끙끙 앓았다
몸 전체가 두들겨 맞았던 거 같았지만
가만히 누울 복도 없는 운명이기에
신세타령이 저절로 일더라
날이 밝고 병원 가면 나으리란 생각으로
한줄기 희망이 잠 오도록 해주었고
아침도 죽 한 공기로 마치고 병원 갔더니
온 몸뚱이 타박상이오
무릎은 선명한 피멍으로 부어올랐다
"지팡이 짚으세요.
이제 짚고 다닐 연세 되셨습니다.
꼭 짚으세요."
내일 되면 짚을지 모르겠다
치아 때문에 죽만 먹고 지냈더니
이제 정신 차려 살자
내가 좀 편히 살게
치아 때문에 못 먹었던 지난 일 후회하며
"내가 조금씩 깨쳐 나가자."
스스로 꾸짖으며
오늘 저녁은 밥을 먹었다
하루를 살아도 안 아프고 살자
아들딸을 걱정 시키는 엄마는 되지 말자
아들에게 더 이상의 슬픔과 아픔을 주면
난 못난 어미다

혈육이란

할아버지 할머니가 살아오고
그다음 아버지 어머니 사신 곳
내 어릴 때 자라왔던
양산 신평을 지금도 뛰어노는 꿈
꿈속에서 꽁당보리밥 배불리만 먹어 봤으면 하는 것도

식구는 그리도 많았나
방아 찧고 맷돌 돌려 끼니를 장만하고
남의 집 옷 빨래며 삼베 모시 풀 입혀서
그 시절엔 인심은 후했는데
조부모님의 삶을 아는 우리에겐 아픈 세월이더라

내 부모님, 우리 칠 남매 끌어안고
살아 나오신 그 안타까움 아는데
어렸던 동생들은 그런 일을 못 느끼더라
못 느끼는 건지 잊은 것인지
안타까움 삭이기도 한다만

달 뜨는 밤이면 달 보며 울컥한데
푸른 별은 내 운명

사랑 노래

사랑하는 아이가
"엄마 고마워요."
그 말 되풀이할 때면
내 마음속 아름다운 해가 뜨네

말로서 다할 수 없을 때
"감사합니다."
표현하고 있을 때
가슴속에 쌍무지개가 뜬다

이 세상을 사는 동안
얼마나 행복했던가
말 한마디 행동 하나에
부모는 감개무량해서
평생 가슴은 시들지 않는 꽃이 만발

세상 살고 있는 동안
내 생명 꽃피게 하니
"고맙구나."
너희를 더욱더 많이 많이
따뜻하게 품어 줄 것이니라!

외손녀

두 주먹 불끈 쥐고 세상에 왔었더라
그 순간의 스침이 가장 소중한 인연 줄
살아 있는 정신으로 날고 싶어서
앞날을 위한 꽃씨를 날리었다
남겨진 여정 맨발이니
눈물을 바쳐서 용맹 정진
육신은 힘들어도 욕망은 세차다
눈시울 적시던 생은 자생력 되고
불붙는 욕망은 정진에 으뜸되고
강인한 도전 정신
그 강인함에 도전은 지금부터다
위로받고
사랑받고
존중받고 사는 그런 아이로 자라나라

해경이와 나 사이

방 안 벽걸이에 걸려진 그림 하나
왜인지 자꾸만 애착이 가는 그림
연대도 서필도 그린 분 모두 궁금해

종이 펼쳐 놓고 연잎도 연꽃도
저 아름다운 금빛 새도 누구의 그림이기에
나에게 전달되었나 궁금하기만 하네

연꽃 봉오리 꽃잎 맺어 둥글게 가슴 하나
던져 피노니 더욱 궁금하여라

글 하나 그림 한 장 아주 귀하게 여겨
후대의 그대도 그리하길
행복하다 생각하면 더 많이 행복해지는
마음의 씨앗인 꽃사랑을 보내리니

그림도 꽃도 글도 모두 향기 지니고
인간 향기를 채움은 어려운 일이 아니오
채우지 못함이 어리석은 삶이다
나도 모르는 사이 사랑에 익숙해지는 날

기도

오랫동안 글을 쓰지 못한 이유란
신체 상태가 나빠 걱정도 많고

나 자신을 이겨낼 수가 있긴 있는데
글을 안 쓰게 될 때는 성당, 복지관

문화교실 등 돌아가며 하는 생활로
내가 원하던 시를 꼭 써내려는 꿈

나도 꿈이 있어요 받아들일 수 없는
그런 꿈을 쓸 수 없다면 우려감 많이 들고

어떤 난관에서도 내 꿈에 도전한다
올 한 해는 몸 상태 추스르면서

어떤 어려움 속에서도 시를 써야 한다
사람마다 목표가 있는데 그게 안되어

몸 생각하세요 막냇자식 말에도
나는 정답을 말해 줄 수가 없다

한때는 모진 생활 이겨낸 자식에게도
나는 해줄 수 있는 것이 없더라

막내야 이제는 너만 생각하렴
나도 나름대로의 꿈을 한번 피워 내고 싶다

너 위해서 건강진단 결과에 신경 무척 쓰고
끼니도 잘 챙겨 글 쓰는 자양분을 모아두고

어떠한 죽음도 거부 안 하고 편한 마음으로 쓴 글
나중에 네 삶에도 굉장한 자양분이 되기를

어떠한 일들이 닥쳐도 나는 내 임무처럼 주어진
고작 시 쓰려 기운을 빼나 그래도 중단 없어

나는 내 인생 마지막을 글 씀에 도전하려고
나는 믿는다 어떠한 장애물도 눈물 되어 스며도

나의 강인함을 붙잡고 하늘의 힘을 빌려서
어떠한 죽음도 눈앞에 접근치 못하게 하리라

친정 엄마께 못다 드린 효심이 요즘 너무도
내 가슴을 압박하여 기운까지 빠져나가

이제 서 있을 기운만 보충하면 최상인데
하늘이여, 하늘이여 글 쓸 시간 허락하소서

강연구 시집
지상에서 부르는 별들의 노래

2025년 8월 7일 인쇄
2025년 8월 9일 발행

지 은 이 ｜ 강연구
펴 낸 이 ｜ 이병우
펴 낸 곳 ｜ 육일문화사
주　　소 ｜ 부산광역시 중구 복병산길6번길 11
전　　화 ｜ (051)441-5164
이 메 일 ｜ book61@hanmail.net
출판등록 ｜ 제1989-000002호

ISBN 979-11-91268-83-6 03810
값 13,000원

* 잘못된 책은 바꿔드립니다.
* 이 책의 판권은 저자에게 있습니다.
* 저자의 허락 없이 내용의 일부를 인용하거나 발췌하는 것을 금합니다.